AMOUR ET PATRIE,

OU

LES TROIS ÉCLOPÉS,

VAUDEVILLE EN UN ACTE.

Par M. D.****

Représenté pour la première fois, sur le théâtre de Lille, le 9 Septembre 1817.

A LILLE,

De l'Imprimerie de Cailleaux-Lecocq, rue des Arts.

Septembre 1817.

PERSONNAGES.	ACTEURS.

M. DORFEUIL, propriétaire aisé, M.
ÉLISA, sa fille, M.
M. DANCOURT, *vieil officier retraité*, (*jambe de bois.*) M.
M. DUVAL, étudiant en droit à Paris, M.
FÉLIX, fils aîné de M. Dancourt, officier d'artillerie, (*manchot.*) M.
AUGUSTE, frère de Félix, jeune sergent de grenadiers, (*borgne.*) M.
GERTRUDE, gouvernante de M. Dancourt, M.
ANDRÉ, jardinier de M. Dorfeuil, M.
Habitans.

La scène se passe dans un petit hameau, aux environs de Paris.

AMOUR ET PATRIE,

OU

LES TROIS ÉCLOPÉS.

Le Théâtre représente un jardin ; on voit dans le fond, la maison de M. Dorfeuil : à droite, la modeste habitation de M. Dancourt. La gauche de la scène est occupée par un petit pavillon de plaisance, et un berceau, sous lequel est un banc de verdure.

SCÈNE PREMIÈRE.

ANDRÉ, *un râteau à la main.*

Ouf ! comme je suis fatigué ! ça n'est pas étonnant : j'travaille d'puis la pointe du jour à l'ardeur du soleil ; hé ben ! si mon maître v'nait, j'gage qui me dirait que j'suis un paresseux, un ivrogne, comme si on était un ivrogne parce qu'on aime à boire un p'tit coup.

Air : *De Claudine, ou du Mameluck.*

De boire j'ai la manie ;
Sans c'défaut qui tient d'métier,
D'un Seigneur de Normandie,
J'srais d'puis long-tems l'jardinier.
Pour convenir à c'brave homme,
Il fallait..... n'en parlons plus,
Boire du jus de la pomme :
J'n'ai jamais aimé ce jus.

En'mi juré d'la paresse,
J'travaille ferme tout le jour ;
Et le soir, à ma maîtresse,
J'fais un petit doigt de cour.
On m'dit que de la bouteille,

Trop souvent j'fais un abus ;
Mais, qui prend soin de la treille,
Peut ben boire de son jus.

Allons, r'posons nous un peu, et je me r'mettrai à l'ouvrage jusqu'au soir. Voyons s'il y a encore quelq'chose dans ma gourde... non. Je n'peux m'en prendre qu'à moi ; j'ai tout bu l'matin, j'en s'rai quitte pour avoir l'gosier sec l'reste d'la journée.

SCÈNE II.
ANDRÉ, DORFEUIL *sortant de chez lui.*

ANDRÉ, *à part.*

V'là mon maître.

DORFEUIL.

Hé bien ! toujours fainéant comme à ton ordinaire : je ne puis venir une seule fois au jardin, sans te voir sous ce berceau.

ANDRÉ.

C'est q'vous y v'nez toujours au moment où j'me r'pose ; d'ailleurs il y a tems pour tout.

DORFEUIL.

Cette conduite commence à me lasser ; prends y garde.

AIR : *Vaudeville de la fille en loterie.*
Est-ce sans raison que toujours
Je me plains de ta nonchalance ;
Je vois dépérir tous les jours
Mon jardin, par ta négligence,
De ces insignes paresseux,
Veux-tu donc augmenter le nombre ?
Le Soleil ne luit pas pour eux,

ANDRÉ.

V'là ben pourquoi je m'mets à l'ombre.

DORFEUIL.

Maraut ! vas travailler au potager ; j'ai besoin d'être seul : vas te dis-je.

ANDRÉ.

J'vous obéis. (*Il sort*).

SCÈNE III.
DORFEUIL.

Mon vieil ami vient de recevoir des nouvelles de son

fils aîné. qu'il croyait victime des derniers événemens. Il arrive fort-à-propos, puisqu'il me met à même de me dégager de la promesse que j'ai faite au fat Duval, de lui accorder la main de ma fille dans deux mois, si le sort de Félix n'était pas connu, je serais fâché de rompre avec son père : les services désintéressés qu'il a rendus, dans un procès, à une famille malheureuse de ce hameau, sur ma recommandation, sont des titres à ma reconnaissance.

AIR : *Tenez moi je suis un bon homme.*

La cause, quoique légitime,
Était remise chaque jour,
Quand cet avocat que j'estime,
Voulut bien parler à son tour.
Le riche accablant la misère,
Comptait sur un heureux succès ;
Cette fois contre l'ordinaire,
Le pauvre gagna son procès.

Quel plaisir pour Dancourt de revoir ses enfans après une si longue absence !!... Il vient ; la joie est peinte sur sa figure.

SCÈNE IV.

LE PRÉCÉDENT, DANCOURT.

DANCOURT.

Bonjour, Dorfeuil.

DORFEUIL.

Bonjour, mon ami.

DANCOURT.

Je viens t'annoncer une bonne nouvelle...

DORFEUIL.

Que je sais déjà et qui va bien réjouir ma fille.

DANCOURT.

Par qui as-tu donc appris cela ?

DORFEUIL.

Ce qui peut te faire plaisir ne m'intéresse-t-il pas autant que toi ? je sais l'arrivée de tes deux fils, par...

DANCOURT.

Laisse moi deviner... par la vieille Gertrude je gage ?

DORFEUIL.

Justement.

DANCOURT.

Je lui avais recommandé le secret, pour te ménager une surprise agréable ; c'est ma faute. Où diable vais-je prier une vieille femme de se taire !.. Oui, mon ami, Félix n'était que prisonnier de guerre : je les attends d'un instant à l'autre. Écoute la lecture de cette lettre. *(il lit.)* « Mon cher père (C'est l'aîné qui parle), nous aurons le « plaisir de t'embrasser vers le soir du 16. » C'est aujourd'hui ; ainsi donc plus de doute. — Privé comme toi de ma femme, tu te fais une idée de la joie que ce retour doit me causer : à propos, tu va voir un manchot et un borgne.

DORFEUIL.

Cela leur fait honneur.

DANCOURT.

Je leur en voudrais, s'ils revenaient sains et saufs.

DORFEUIL.

Ils ont voulu te ressembler.

DANCOURT.

Hé bien ! ils n'ont pas manqué leur coup.

DORFEUIL.

Dis-moi Dancourt ?..

DANCOURT.

Qu'y a t-il ?

DORFEUIL.

J'espère que tu ne me refuseras pas un plaisir ?

DANCOURT.

Lequel ?

DORFEUIL.

Celui de recevoir tes fils et de les inviter à souper chez moi ce soir.

DANCOURT.

J'y consens ; tout n'est-il pas commun entre nous.

DORFEUIL, *lui prenant la main.*

J'ai déjà averti mes gens, tu me charmes en parlant ainsi.

DANCOURT.

C'est-à-dire avec la franchise dont nous sommes redevables aux lieux que nous habitons, n'est-ce pas ?

DORFEUIL.
Et qu'on trouve rarement à la ville.
DANCOURT.
Nous ne quitterons jamais ce hameau.
DORFEUIL.
Où serions-nous mieux ?

AIR : *On vante par-tout la nature.*
Je préfère cet humble asyle
Au plus magnifique palais
Dans cette retraite tranquille
Je vis heureux, je dors en paix.
Mon ami c'est le sanctuaire
De l'homme vertueux et droit ;
Et quoique sans para-tonnerre
La foudre respecte son toit.

DANCOURT.
N'est-ce pas la vertu qui l'habite ? *(Montrant sa maison).*

Même air.
J'aime mieux cette solitude,
Que l'éclat pompeux de la cour.
Exempt d'ennui, d'inquiétude
J'attends gaiement mon dernier jour.
Fidéle aux loix qu'honneur impose
Vingt ans, j'ai servi mon pays.
Maintenant en paix je repose
Sur les lauriers que j'ai cueillis.

DORFEUIL.
Comme on fait son lit on se couche. Rentrons. Je vais renouveller mes ordres, pour que le repas soit digne des hôtes que je reçois.

DANCOURT.
Pas de façons rappelle-toi que tu traites des militaires, un morceau solide, du bon vin et de la gaîté ; voilà tout ce qu'il faut.

ENSEMBLE.
AIR : *Gai ! Gai ! Marions-nous.*

Gai ! gai ! Amusons-nous
Qu'en ce lieu la gaîté brille ;
Gai ! gai ! Amusons-nous
Fêtons un moment si doux.

DORFEUIL.
Je veux que mon meilleur vin,
A notre table pétille ;
Nous boirons jusqu'à demain.

DANCOURT.
Comme nous serons en train !

ENSEMBLE.
Gai ! gai ! Amusons-nous, etc.

(*Ils sortent*).

SCÈNE V.
ÉLISA.

Prenons un instant le frais, et cherchons à deviner la cause des préparatifs que mon père à ordonnés pour ce soir. Que rien ne soit épargné a t-il dit ; j'ai bien retenu ces paroles ; ce ne peut être pour Mr. Duval, si c'était Félix.. Ne nous abusons pas : aurait-il écrit et me le cacherait-on cette fois ? Dans sa dernière lettre qui date d'un an, il me faisait dire de croire à son amour, à sa constance, de prendre patience... C'est ce que je fais depuis huit ans, de me consoler.. Tout cela et bien facile à dire.

AIR : *Il faut quitter ce que j'adore.*

Tu veux qu'ils me plaisent encore,
Ces lieux que j'habite sans toi :
Le jour me paraît sans aurore,
Quand tu n'es pas auprès de moi.
Tout en ce séjour me retrace,
Les prémices du vrai bonheur.
Mais, depuis toi qui les remplace,
L'ennui, le regret, la douleur.

J'entends quelqu'un. C'est Mr. Duval, je ne puis l'éviter.

SCÈNE VI.
ÉLISA, DUVAL.

DUVAL, *à part.*
Je vais enfin lui parler sans témoins.

ÉLISA, *à part.*

Recevons les de manière à ce qu'il ne reste pas long-tems.

DUVAL, *lui présentant un bouquet.*

Salut à la charmante Élisa ! Connaissant votre goût pour les fleurs, j'ai formé ce bouquet dans l'espoir qu'il vous serait agréable.

ÉLISA.

Vous êtes trop honnête Monsieur.

DUVAL.

Toujours de la rigueur. (*à part.*) ne nous rebutons pas. (*haut.*) J'ose croire que vous voudrez bien le recevoir.

ÉLISA, *le prenant.*

Pourquoi pas ? (*à part.*) Il s'en ira plutôt. (*à Duval.*) Mais je ne vois pas de roses.

DUVAL, *à part.*

Mal-adroit que je suis. réparons cet oubli. (*à Élisa.*) Je n'ai pas cru devoir vous en offrir.

ÉLISA.

Pourquoi Monsieur ?

DUVAL.

Air : *Au soin que je prends de ma gloire,*

En peu de mots voici la cause,
Qui me prive d'un soin si doux ;
Élisa, la plus belle rose,
Serait sans éclat près de vous.
Cette fleur dans une journée
S'épanouit, perd son odeur :
On voit en vous, toute l'année
Son incarnat et sa fraîcheur. (*bis.*)

ÉLISA.

Vous me flattez, Monsieur ; pardon si je vous quitte ; mon père m'attend.

DUVAL.

Aurai-je le plaisir de vous revoir ?

ÉLISA.

Je ne puis vous le promettre.

DUVAL.

A dieu ! aimable Élisa. (*elle sort.*)

SCÈNE VII.

DUVAL.

Aimable ce n'est pas le mot ; cependant elle commence a montrer moins de dédain ; de bonne grâce ou non, elle a reçu mon bouquet : c'est une preuve que je ne lui suis pas tout-à-fait indifférent. D'ailleurs, j'ai la promesse du père, et j'épouse Élisa si, d'ici à deux mois, on n'a pas des nouvelles du soi-disant prisonnier, à qui elle a été promise avant moi. S'il s'agit de ma personne, n'ai-je pas tout ce qu'il faut pour plaire ? Quant à mes talens, ils son connus ; je dessine à ravir, j'excelle dans la musique, pour danser je suis un zéphire : que vous faut-il donc Melle Dorfeuil !.. André vient tachons de savoir quelque chose.

SCÈNE VIII.

LE PRÉCÉDENT, ANDRÉ.

DUVAL.

Approche, André.

ANDRÉ.

Ben, volontiers, Monsieur.

DUVAL.

Dis-moi, M^r. Dorfeuil est-il chez lui ?

ANDRÉ.

C'est c'que je n' sais pas.

DUVAL.

Parle-t-on de moi chez ton maître ?

ANDRÉ, *à part.*

J'vois où il veut en venir ; répondons en conséquence, *(haut.)* C'est c'que j'ignore.

DUVAL, *à part.*

Je ne saurai rien, *(haut.)* Tu ne peux donc pas m'instruire.

ANDRÉ.

Non ; mais si Dame Gertrude était là, elle vous satisferait d'suite.

DUVAL.

Qu'elle est cette Gertrude ?

ANDRÉ.

Vous n'la connaissez pas ; c'est la gouvernante de c'vieux militaire à la jambe de bois, qui habite la maison que v'là.

DUVAL.

Je crois me la rappeller.

ANDRÉ.

Y faut voir comme elle en dégoise !

DUVAL, *à part.*

C'est ce qu'il me faut.

ANDRÉ.

AIR : *J'ai vu par-tout dans mes voyages.*

Babillarde comme une pie,
A parler c'est toujours son tour.
Dans une minute j'parie
Qu'elle dit plus q'moi dans un jour.
J'la trouve sans cesse occupée
A forger un caquet nouveau ;
Sa langue est une vieille épée,
Qui n'rouille pas dans le fourreau.   (*bis*).

Mais, chut : la v'là.

DUVAL.

Bon.

SCÈNE IX.

LES PRÉCÉDENS, GERTRUDE.

DUVAL.

J'ai l'honneur de vous saluer Dame Gertrude.

GERTRUDE, *à part.*

J'ai l'honneur...... Comme ces Messieurs de Paris sont honnêtes ! (*à M. Duval.*) Je suis bien votre servante Monsieur : je crois vous avoir vu quelque part ; ah ! j'y suis ! vous êtes ce Monsieur de Paris qui prétendez à la main d'Éliza ; par malheur vous avez un rival préféré, dont on vient d'apprendre le retour inattendu.

DUVAL, *à part.*

Allons je vais tout savoir sans rien demander. (*à Gertrude.*) J'ai pour rival ?

GERTRUDE.

Un jeune officier d'artillerie, fils aîné de M. Dancourt, dont j'ai l'honneur d'être la gouvernante.

ANDRÉ.

N'dites vous pas q'Monsieur Félix arrive ?

GERTRUDE.

Je dis qu'il arrive ce soir ; cela t-étonne.

ANDRE.

Non, ça n' m'étonne pas ; car vous savez toujours tout.

GERTRUDE.

Me laisseras tu parler ?

ANDRÉ.

Je m'tais.

GERTRUDE.

Pour en revenir à votre rival, il est accompagné de son jeune frère, Auguste, sergent de grenadiers.

ANDRÉ.

Monsieur Auguste... Queu plaisir !

DUVAL, *à part.*

Un officier pour rival ; qui arrive avec un grenadier ; me voilà entre bonnes mains.

ANDRÉ.

Ça ma ben fait d' la peine quand y sont partis.

GERTRUDE.

As-tu bientôt fini Bavard.

ANDRÉ.

Bavard ! morguienne Dame Gertrude, j'voudrais ben savoir qui l'est l'plus d'nous deux.

DUVAL.

La paix, André !

GERTRUDE.

AIR. *Vaudeville des maris ont tort.*

Je conviens que par habitude,
J'aime la conversation ;
C'est dans mon humble solitude,
Ma seule consolation.
Mais peu m'importe qu'on me blâme,
C'est mon défaut ; chacun le sien.

DUVAL.

Vous ne seriez pas une femme,
Si vous ne disiez jamais rien.

ANDRÉ.

Oh ! ça c'est vrai.

GERTRUDE.

Silence donc, (*à M. Duval*) si j'ai un conseil à vous donner c'est celui de tenir tête à votre rival, de lui disputer la main d'Eliza.

DUVAL.

C'est bien mon intention (*à part*) Je n'en ai guère envie (*haut.*) Si j'osais vous prier de me rendre un service.

GERTRUDE.

Parlez, Monsieur.

DUVAL.

Ce serait de m'être utile auprès de ma belle.

GERTRUDE.

Je la vois quelquefois ; si je puis la disposer en votre faveur, je le ferai avec bien du plaisir.

DUVAL.

Vous consentez... que vous êtes aimable.

GERTRUDE, *à part*.

Que vous êtes aimable !! Ce jeune homme est charmant. (*à M. Duval.*) Soyez tranquille Monsieur ; je ferai tout ce qui dépendra de moi, pour vous être agréable. (*à part.*) Que ne suis-je plus jeune, je lui conviendrais peut-être.

DUVAL.

Voici de quoi il s'agit.

AIR : *Vaudeville de Turenne.*

Parlez à l'ingrate que j'aime
De mon trouble, de ma douleur ;
Peignez lui mon amour extrême,
Blâmez son injuste rigueur,
Enfin dites à l'insensible
Qu'elle prononce mon arrêt
Je vous demande le secret....

ANDRÉ.

N' demandez donc pas l'impossible.

GERTRUDE.

Ne sais-je pas me taire quand il le faut.

ANDRÉ.

Comme une femme.

GERTRUDE.

Voyez donc cet insolent.

ANDRÉ.

N'vous fachez pas Dame Gertrude, c'que j'en dis c'est histoire d'parler.

DUVAL.

Ne m'oubliez pas.

GERTRUDE.

Comptez sur moi. *(Elle sort ainsi qu'André)*.

SCÈNE X.
DUVAL.

Je brûle de connaître le résultat de sa démarche; j'entends des cris de joie: on célèbre sans doute le retour de mon rival; éloignons-nous pour reparaître quand il en sera tems.

SCÈNE XI.

DORFEUIL, DANCOURT, FÉLIX, AUGUSTE
Et les habitans du hameau.

TOUS.

Les voici ! les voici !

DANCOURT.

Vois Dorfeuil comme ils sont lurons.

DORFEUIL.

Et bien portans.

AUGUSTE.

Dieu merci.

DANCOURT, *à Félix*.

Nous te revoyons enfin après un an d'incertitude sur ton sort.

FÉLIX.

Resté blessé sur le champ de bataille, je fut fait prisonnier; mes camarades me crurent mort. La continuation des hostilités ne me permit de vous écrire, qu'à l'époque où la paix, que nous devons au retour des Bourbons me rendit à la liberté.

DUO.

Air : *De la walse Hongroise.*

AUGUSTE.	FÉLIX.
Je te revois après cinq ans d'absence,	Je te revois après huit ans d'absence.
Séjour témoin de mes premiers plaisirs !	Séjour témoins de mes premiers soupirs !
Ah ! pour mon cœur c'est une jouissance.	Mon cœur ouvert à la douce espérance.
Qui vient combler ses plus tendres desirs.	Ne voit-ici qu'allégresse et plaisirs.

DORFEUIL et DANCOURT.

Air : *De la Tyrolienne.*

Ce jour à pour moi des charmes
Que je ne puis définir ;
Mes yeux sont mouillés de larmes
Mais de larmes de plaisir.
Retour enchanteur,
Tu fais mon bonheur :
Spectacle Charmant !
Fortuné moment !
Mars en déposant les armes
Rend ce tableau plus touchant.

QUATUOR.

AUGUSTE.	FÉLIX.	DORFEUIL et DANCOURT.
Je te revois après cinq ans d'absence etc.	Je te revois après huit ans d'absence. etc.	Ce jour à pour moi des charmes. etc.

DANCOURT.

Tous mes vœux sont comblés.

SCÈNE XII.

LES PRÉCÉDENS, ÉLIZA.

FÉLIX *courant au devant d'elle.*

Éliza !

ÉLIZA *se jettant à son col.*

Félix ! *(avec étonnement en le voyant manchot.)*
Mais que vois-je ?

FÉLIX.

Ne t'afflige pas, ma bien aimée, je puis encore te presser sur mon cœur.

DORFEUIL.

Je veux qu'un si beau jour, soit celui de votre hymen.

DANCOURT.

Comme tu es expéditif!

DORFEUIL.

Je puis disposer de la main de ma fille, pourquoi retarder le bonheur de ces deux amans? aujourd'hui je fais dresser le contrat, nous le signons, et demain la nôce.

AUGUSTE.

Je t'en fais compliment mon frère.

DANCOURT.

Plus tard ce sera ton tour, Auguste.

AUGUSTE.

Oui, mon père : plus tard ; car je veux connaître mieux l'objet de mes amours.

Air : *J'aime ce mot de gentillesse.*

J'ai pris pour maîtresse la gloire,
Au champ d'honneur elle m'attend :
Une autre vous pouvez m'en croire
Ne saurait me rendre inconstant.
Cette blessure qui m'honore,
Me rendit aveugle à demi.
Mais il me reste un œil, encore
Pour coucher en joue l'ennemi.

DORFEUIL.

C'est bien mon ami ; mais dis moi ; comment se fait-il que si jeune et si petit, tu sois au nombre des grenadiers ?

AUGUSTE.

Vous allez le savoir.

Air : *De l'Officier de fortune.*

A vingt ans avec du courage,
On peut défendre son pays :
Un français est vieux à cet âge,
Quand il combat ses ennemis.
Le jour d'une grande bataille
On se dit, pour moi c'est flatteur

Ce grenadier n'a pas la taille,
Mais il est grand par sa valeur.

DORFEUIL.

Tu es un brave, mon ami : ton avancement sera rapide.

AUGUSTE.

Je veux le mériter.

ÉLIZA.

Félix tu ne nous quitteras plus

FÉLIX.

Je te le promets tant que le Roi n'aura pas besoin du bras qui me reste.

DANCOURT.

Bravo ! mon fils !

DORFEUIL.

Je vois qu'en te faisant officier on récompensa ta bravoure.

FÉLIX.

Air : *Ce mouchoir belle Raimonde.*

Des ennemis de la France,
Bravant un jour la fureur ;
Cette noble récompense,
Fut le prix de ma valeur.
Il n'est passe-droit qui vaille
Pour une action d'éclat ;
C'est sur le champ de bataille,
Que l'on connaît un soldat.

DORFEUIL.

C'est ainsi que mon fils Charles perdit la vie.

FÉLIX.

Je le vis périr à mes côtés, le jour que je reçus cette blessure.

Air : *De Bélisaire.*

Atteint par le plomb meurtrier,
A peine au printems de son âge :
Charles conserva d'un guerrier
Et le sang froid et le courage.
Il dit, à son dernier moment,
Ces mots gravés dans ma mémoire :
Ne me plains pas je meurs content,
Puisque nous avons la victoire.   (*bis.*)

DANCOURT.

Tu me consoles.

DORFEUIL.

Es-tu parmi nous pour long-tems, Auguste?

AUGUSTE.

Jusqu'à l'expiration de la permission d'un mois que j'ai demandée, pour accompagner mon frère.

DORFEUIL.

Tu pouvais obtenir un congé de réforme.

AUGUSTE.

Je l'ai refusé, ne puis-je pas encore servir le Roi.

DANCOURT.

Tu as bien fait: entends-tu déjà quelque chose dans les apprêts d'une bataille?

AUGUSTE.

Moi, mon père.

Air, *Vent brûlant d'Arabie.*

Que veux-tu que j'entende,
Dans le plan d'un combat;
Au chef qui me commande,
J'obéis en soldat.
Sans connaître la Carte,
Guidé par la valeur,
Jamais je ne m'écarte
Du chemin de l'honneur. (*bis.*)

DANCOURT.

C'est le principal, mon ami, aussi bien tu n'espères pas devenir général.

AUGUSTE.

Que sait-on mon père!

DANCOURT.

Diable! comme tu y vas!

DORFEUIL.

Ma foi, avec de telles dispositions, il pourra l'être tout comme un autre.

DANCOURT.

Je le désire.

ÉLIZA.

Parlerez vous donc toujours de guerre.

DANCOURT.
Éliza à raison ; causons de son mariage.
DORFEUIL.
Cela lui plaira d'avantage.
DANCOURT.
C'est naturel.
FÉLIX.
Entretenons nous du plaisir d'être toujours ensemble.
ÉLIZA.
Demain nous serons l'un à l'autre.
FÉLIX.
Ah ! que n'ai-je assez d'éloquence pour te répondre comme je le voudrais !
ÉLIZA.
Tu veux être flatté.
FÉLIX.
Non : écoute,

Air : *Gusman ne connaît plus d'obstacles.*

    Le poëte pour sa maîtresse
    Compose quelques vers flatteurs ;
    Le peintre exprime sa tendresse,
    Sous les plus riantes couleurs.
    Par une romance nouvelle,
    Le musicien sait charmer :
    Moi, je n'ai, pour chanter ma belle,
    Que ce qu'inspire l'art d'aimer.   (bis.)

ÉLIZA.
Je t'entendrai toujours.
DORFEUIL.
J'oubliais de te dire que tu as un rival.
DANCOURT.
Oui, parlons de cela.
FÉLIX, *avec étonnement.*
Un rival !
DORFEUIL.
Quelques obligations que j'avais à M*. Duval père, m'obligèrent de recevoir son fils, auquel je promis la main d'Éliza, si tu ne reparaissais pas à une époque fixée. Tu arrives fort-à-propos, ton retour me fait d'autant plus de plaisir, que ce fat ne m'a jamais convenu.

ÉLIZA.

Il a du s'apperçevoir de mon indifférence.

FÉLIX, à part.

Je suis impatient de le voir.

DANCOURT.

C'est un original dont tu riras.

DORFEUIL.

Allons mes amis, l'heure du souper approche, rentrons, et livrons-nous à la gaieté.

DANCOURT.

C'est bien dit. (ils sortent tous.)

SCÈNE XII.
DUVAL, GERTRUDE.

DUVAL.

Je vous cherchais Dame Gertrude, hé bien qu'avez vous à m'apprendre.

GERTRUDE, à part.

Je ne sais que lui conter. (haut.) J'ai vu Melle. Dorfeuil à qui j'ai parlé de vous : tout espoir n'est pas perdu.

DUVAL.

Je respire.

GERTRUDE.

Écoutez.

AIR : *Dans cette maison à quinze ans.*

Seule, dans un bosquet voisin
J'ai vu celle qui vous est chère,

DUVAL.

Et vous avez appris enfin

GERTRUDE.

Que c'est Félix qu'elle préfère.
Le retour de l'heureux amant,
Ne saurait vous être funeste ;
Vous pouvez vaincre en combattant. (bis.)

DUVAL.

Veuilliez m'épargner le reste. (bis.)

GERTRUDE.

Voilà tout ce que je puis vous dire, prenez patience, Monsieur. (elle sort.)

SCÈNE XIII.
DUVAL.

J'attendais mieux de la démarche de cette femme, cela va mal pour moi, .. quelqu'un vient. C'est un militaire, cachons nous sous ce berceau.

SCÈNE XIV.

DUVAL, *sous le berceau*, FÉLIX, ANDRÉ.

FÉLIX.

J'ai quitté la société sous prétexte d'aller rendre une visite.. Si je pouvais rencontrer mon rival. (*à André*), forme des guirlandes de fleurs.

ANDRÉ.

J'vais m'en occuper dans l'moment ; mais dites moi donc M. Félix, ça doit-être beau à voir une armée.

FÉLIX.

Oui, mais pour en faire partie il faut avoir du cœur.

ANDRÉ, *à part*.

Je n'serais pas bon là.

DUVAL.

Mon rival est manchot m'a-t-on dit. Examinons: c'est bien lui.

FÉLIX.

On couche sur la dure, on ne mange pas toujours autant qu'on le voudrait bien, et par-dessus tout on s'attend à être tué d'un moment à l'autre.

DUVAL.

Comme il dit cela gaiement.

ANDRÉ.

Ah ! on s'attent à ça.

FÉLIX.

Et sans en être de plus mauvaise humeur.

Air : *Du partage de la Richesse.*

Ne jamais craindre pour sa vie,
Dans le malheur toujours contant ;
Chanter la gloire et son amie,
À toutes deux être constans ;

Aimer à rire, aimer à boire,
Ne compter que sur des succès ;
Généreux après la victoire,
C'est le caractère français.

ANDRÉ.
Même air.

C'que vous dites est vraiment superbe ;
J'vous crois sans balancer un brin ;
Mais j'sais c'que nous dit l'vieux proverbe,
A beau mentir qui vient de loin.
Monsieur, si j'allais à la guerre,
Comme tous les autres j'ferais ;
C'est surtout pour vider mon verre,
Q'j'aurais l'caractère français.

DUVAL.
Je te reconnais bien là.

FÉLIX.
Cela ne suffit pas il faut se battre.. Va sois toujours jardinier : car tu n'es pas né pour être soldat, acquitte toi de la commission dont je t'ai chargé, et viens ensuite me trouver.

ANDRÉ.
Vous allez être satisfait. (*il sort.*)

SCÈNE XV.
DUVAL, FÉLIX.

DUVAL, *à part et marchant vers le pavillon.*
Changeons de position.

FÉLIX.
Un homme veut entrer dans ce Pavillon, si c'était mon rival : parlons lui.

DUVAL.
Il s'avance, comme il a l'air téméraire.

FÉLIX, *le saisissant et lui frappant sur l'épaule.*
Dites donc, Monsieur ; ne vous nommez vous pas Duval ?

DUVAL.
Doucement s'il vous plaît, (*à part.*) qu'elle manière d'aborder quelqu'un, (*haut*) oui, je me nomme Duval, qu'y a-t-il pour votre service ?

FÉLIX.

Vous allez le savoir.

DUVAL.

Parlez.

FÉLIX.

On dit que vous aimez Éliza.

DUVAL.

On dit vrai.

FÉLIX.

Moi, je l'adore ; ainsi il faut nous la disputer.

DUVAL.

Hé bien, on la disputera.

FÉLIX.

Tant mieux.

DUVAL, à part.

Il m'a pris au mot, si je pouvais avec finesse me tirer de ce mauvais pas. *(haut.)* N'y a-t-il pas un moyen plus simple d'arranger cela.

FÉLIX.

Vous avez peur, je crois.

DUVAL.

Pas du tout.

FÉLIX.

En ce cas, je vous laisse le choix des armes.

DUVAL, à part.

Grand merci.

FÉLIX.

Tirez vous l'épée ?

DUVAL.

Non.

FÉLIX.

Le pistolet ?

DUVAL.

Non.

FÉLIX.

Que tirez vous donc ?

DUVAL.

Laissez moi le tems de réfléchir.... Je ne tire rien, Monsieur.

FÉLIX.

Me jouriez vous ?

Air : *Ce Magistrat irréprochable.*

Doucement, Monsieur, je vous prie
Apprenez que je suis chez moi.
A part. (Je ris de sa poltronnerie
A ce faquin faisous la loi.)
Craignez que selon ma coutume
Je ne vous fasse voltiger.

DUVAL.

Vous me croyez donc bien léger ?

FÉLIX.

N'êtes vous pas homme de plume.

DUVAL, *à part.*

Maudit manchot !

FÉLIX.

Que dites vous ?

DUVAL.

Je ne dis rien. (*à part au moment où Duval l'arrête et en regardant derrière lui :*) Si je pouvais...C'est impossible.

FÉLIX.

Allons décidez vous.

DUVAL, *à part.*

Feignons de la hardiesse. (*haut.*) Je suis tout décidé, Monsieur, dans un quart d'heure je reviens avec des armes.

FÉLIX.

Vous me touverez ici.

DUVAL.

Cela suffit. (*à part en sortant.*) Adieu mes amours.

SCÈNE XVI.

FÉLIX.

Ah ! ah ! ah ! je ris de cet original. Je ne doute pas que le rendez-vous qu'il me donne soit un prétexte pour se retirer, nous verrons. J'entends du bruit... On me cherche sans doute.

SCÈNE XVII.

FÉLIX, DORFEUIL, DANCOURT, AUGUSTE, ÉLIZA, GERTRUDE.

DANCOURT.

C'est ainsi que tu rends ta visite.

FÉLIX.

La rencontre que j'ai faite de mon rival m'a retenu ici.

DORFEUIL.

Je me suis douté que tu le cherchais.

DANCOURT.

Hé bien !

FÉLIX.

Il m'a donné rendez-vous ici dans un quart-d'heure pour une partie d'honneur.

DORFEUIL.

Il ne viendra pas.

FÉLIX.

Le croyez vous.

DORFEUIL.

Je m'en doute.

DANCOURT.

Moi de même.

SCÈNE XVIII.

LES PRÉCÉDENS, ANDRÉ.

ANDRÉ.

Monsieur Félix v'là un billet q'Monsieur Duval m'a chargé d'vous r'mettre.

FÉLIX.

Voyons. *(Il lit, et le donne ensuite à M. Dorfeuil.)* Lisez Monsieur Dorfeuil.

DORFEUIL, *lisant.*

« Monsieur le Militaire : n'ayant nulle envie de cesser
» de vivre, je vous préviens que je ne me trouverai pas
» au rendez-vous que je vous ai donné ; je vous cède
» généreusement la main d'Éliza, puissiez vous faire son
» bonheur. Duval. » Je n'en attendais pas moins de lui.
Si tu veux m'en croire nous annullerons cet écrit, pour qu'il ne soit plus question de ce fat.

DANCOURT.

Qu'en dis tu Félix?

FÉLIX, *le prenant et le déchirant.*

J'y consens.

DORFEUIL.

Je vous remercie D'une Gertrude, d'avoir été la messagère des amours de Monsieur Duval.

GERTRUDE, *embarassée.*

Monsieur... (*à part.*) On sait tout.

ANDRÉ, *à part.*

Hai ! hai ! hai !

DANCOURT.

De quoi, vous mêliez vous, Madame ?

GERTRUDE.

Le désir d'obliger....

AUGUSTE, *à part.*

Le bon cœur !

DANCOURT.

C'est bon ; oublions tout, pour ne penser qu'à l'hymen qui se prépare.

AUGUSTE.

Ainsi, j'ai demandé une permission, pour être de nôce le lendemain de mon arrivée.

DORFEUIL.

Oui, mon ami, nous n'allons plus former qu'une seule et même famille.

DANCOURT.

En vérité, ces jeunes gens me rappellent mes amours, c'est que je passais pour un gaillard dans mon tems.

AIR: *J'etais bon Chasseur autrefois.*

J'étais beau garçon autrefois,
Je courtisais avec adresse ;
Jeune fille à joli minois,
Devenait bientôt ma maîtresse.
Ah ! combien dans cet heureux tems
L'amour avait pour moi de charmes !
Mais, courbé sous le poids des ans,
Maintenant je lui rends les armes.

DORFEUIL.

Chacun son tour, mon vieux !

AUGUSTE.

Tu ne dis rien, André ?

ANDRÉ.

Ma foi l'plaisir d'vous r'voir m'ferme la bouche.

AUGUSTE, *lui serrant la main.*

Ce cher garçon.

FÉLIX, *de même.*

Tu boiras ce soir à notre santé, mon garçon, et demain il te sera permis de...

ANDRÉ.

Suffit ; j'vous entends.

DORFEUIL.

Votre contra se dresse, un petit repas d'amitié nous attend ; rentrons : demain nous ferons honneur à celui de nôce.

DANCOURT.

Je ne me sens pas d'aise.. Venez mes chers enfans que je vous embrasse.

VAUDEVILLE FINAL.

Air : *Pour étourdir le chagrin.*

TOUS.

Célébrons cet heureux jour.
Que l'ivresse,
La tendresse,
Se partagent tour-à-tour
Dans ce fortuné séjour.

DANCOURT.

Votre retour, mes enfans,
Qui cause mon allégresse
Me rajeunit de vingt ans.

TOUS.

C'est le père la jeunesse.

TOUS.

Célébrons, etc.

DORFEUIL.

Un Roi chéri des français
Que le monde entier révère,
Sait régner sur ses sujets
Moins en souverain qu'en père.

TOUS.

Célébrons, etc.

FÉLIX.

On ne trouve pas toujours,
Après une longue absence
Dans l'objet de ses amours
Fidélité, patience.

TOUS.

Célébrons, etc.

AUGUSTE.

Faire la guerre gaiement
C'est l'art auquel je m'applique;
Des balles le sifflement,
Me paraît une musique.

TOUS.

Célébrons, etc.

GERTRUDE.

On dit que je parle trop,
Et que je suis indiscrete;
Mais, si je ne dis plus mot,
Chacun me croira muette.

TOUS.

Célébrons, etc.

ANDRÉ.

Après d'main je r'prends l'râteau,
Et pour travailler sans cesse;
J'promets de n'boire que d'l'eau,
A part (J'crains d'manquer à ma promesse.)

TOUS.

Célébrons, etc.

ÉLISA, *au public.*

Voici l'instant où l'auteur,
Tremble pour ce faible ouvrage,
Messieurs, qu'un signe flatteur
Le rassure et l'encourage.
C'est alors que nous pourrons dire
Célébrons, etc.

TOUS.

Célébrons, etc.

FIN.

www.ingramcontent.com/pod-product-compliance
Lightning Source LLC
Chambersburg PA
CBHW060727050426
42451CB00010B/1664